AF331434

Couvertures supérieure et inférieure
manquantes

MA PARTICIPATION

AU

MOUVEMENT ÉLECTORAL

EN FÉVRIER 1890

Après avoir donné, dans nos récentes élections, un concours énergique à la candidature autonomiste contre la candidature protestataire, j'ai envoyé à un journal alsacien une note pour expliquer les conditions auxquelles mon concours avait été subordonné.

La rédaction m'a exposé les scrupules qu'explique et que justifie le régime dictatorial sous lequel l'Alsace en général et la presse en particulier sont placées.

Mon article dira aux membres de ma famille et à mes amis dans quel esprit j'ai agi, et, à défaut d'une adhésion unanime, j'aime à croire que le respect dû à une conviction consciencieuse ne me sera pas refusé.

La faim chasse le loup hors du bois.

La détresse qui, depuis trois ans, s'est appesantie sur nous, en me chassant hors de ma retraite, m'a poussé à une participation très active aux réunions électorales de Rosheim, de Molsheim et de Schirmeck. Avec la franchise qui est toujours nécessaire, alors surtout que l'omnipotence de la dictature a temporairement remplacé la loi égale pour tous, je ne me suis pas borné à combattre le régime des passeports, mais j'ai eu à cœur d'élucider de mon mieux ces graves questions : le traité de Francfort, la protestation et l'autonomisme.

Ces questions garderont leur très grande importance après les élections, et voilà pourquoi je voudrais exposer à mes chers concitoyens, sans distinction de parti, de quelle manière elles se posent dans mon cœur et dans ma conscience.

Le Passeport.

Qui dira le mal immense que cette mesure nous a fait! L'Ambassade d'Allemagne à Paris pourrait nous dire combien de passeports furent accordés et à combien d'autres le visa fut refusé, et l'on verrait que le refus est la règle et le visa l'exception.

Aucune statistique n'indiquera le nombre de ceux qui, certains d'avance du refus, ne produisirent aucune demande.

Lorsque récemment, dans les premières séances du Landesausschuss, de véhémentes protestations contre le Passzwang furent exprimées par plusieurs membres de cette assemblée, les ministres chargés de la défense de cette mesure accordèrent qu'elle était très pénible, mais affirmèrent que les opposants avaient exagéré le mal.

En ceci l'exagération est impossible, et ce qu'on apprendra restera forcément au-dessous de la réalité. Qui dira le chagrin de ces pères séparés de leurs fils, et les douleurs et les insomnies de ces milliers de mères alsaciennes qui se demandent si, dans un cas de maladie, elles et leurs enfants auront la consolation d'un dernier adieu, ou si la mort opérera la grande séparation sans que cette consolation ait adouci le départ?

Non, jamais on ne saura ce que cette terrible mesure a infligé de souffrances à des milliers de familles des provinces annexées.

Était-on en droit de frapper si durement les familles dans lesquelles il y a eu des options et des émigrations? Le droit d'option est stipulé dans le traité; la faculté d'émigrer est réglementée par une loi de l'Empire. Pour que des actes ayant pour eux de telles garanties pussent être punis comme des méfaits, il a fallu que la puissance de la dictature primât et supprimât temporairement le droit.

Nous sommes les victimes d'une injustice. L'intérêt et l'honneur de l'Allemagne exigent que cette punition d'un délit qui n'a pas été commis cesse de nous accabler.

On a voulu nous mettre à l'abri des influences françaises, et nous défendre contre leurs obsessions. « Défendons aux Français l'accès du territoire an- « nexé, et la germanisation fera des pas de géant! » Le contraire est vrai, la germanisation, dans ce régime nouveau, a reculé au point qu'elle est moins avancée que le lendemain de la conquête. Que mille chauvins français, des plus exaltés, se livrent, sans obstacle ni entrave, à une propagande effrénée, ils seront loin d'enflammer parmi nous l'amour pour la France et la colère contre l'Allemagne au même degré que les fonctionnaires allemands exécutant strictement la mesure des passeports.

Le traité de Francfort est un *traité de paix*. Depuis 1871, l'Allemagne est en paix avec la France. Est-ce une mesure de paix que celle qui interdit à tous les Français l'accès du territoire annexé? A-t-on le droit d'expulser comme des vagabonds ou de repousser comme des ennemis ceux qui se sont fixés en France en vertu du droit d'option et du droit d'émigration?

Si les sentiments d'amertume produits en France par ces mesures se traduisent parfois d'une manière déplaisante contre des voyageurs allemands, ces pénibles incidents ne sont-ils pas de nature à tendre les rapports entre la France et l'Allemagne et à faire courir à la paix de l'Europe un continuel danger?

La France veut la paix et elle le prouve en supportant depuis trois ans cette exclusion des Français. L'immense majorité de la nation française veut la paix, et quand naguère des milliers de candidats se présentèrent au suffrage populaire, je ne sache pas qu'il y en ait eu qui aient inscrit dans leur programme une guerre de revanche.

L'Allemagne veut la paix. C'est pour l'imposer à qui voudrait la troubler qu'elle est arrivée, en matière de paix armée, à un maximum qu'il est impossible de dépasser. Non contente de cela, elle a noué dans l'Europe centrale, le faisceau redoutable de la triple alliance. Malgré le formidable contraste entre les institutions de la République française et celles de la monarchie absolue du Czar, la France et la Russie ont senti que pour ne pas être à la merci de cette énorme accumulation de puissance, une alliance s'imposait à elles. Cette situation menaçante se détendrait si des relations de pacifique entente pouvaient s'établir entre l'Allemagne et la France. La mesure des passeports est la difficulté qui perpétue la tension périlleuse des relations entre les deux nations.

La Protestation et l'Autonomisme.

La protestation des députés alsaciens et lorrains contre l'annexion de leurs provinces à l'Allemagne remonte au mois de mars 1871. Les préliminaires de la paix avaient été débattus à Versailles entre le Chancelier et M. Thiers.

Lorsqu'ils furent soumis à l'Assemblée nationale réunie à Bordeaux, les députés des territoires cédés à l'Allemagne protestèrent avec véhémence contre cet abandon et donnèrent leur démission.

La France s'était défendue jusqu'à l'entier épuisement de ses forces et l'impossibilité absolue de prolonger sa résistance. Lui reprocher une cession qu'il ne dépendait plus d'elle d'éviter, c'était une grave injustice, une évidente ingratitude, dont l'explication et l'excuse gît dans le profond attachement de ces députés à la patrie malheureuse, et dans leur immense douleur d'en être détachés.

En mai 1871, l'Assemblée nationale, siégeant à Versailles, eut à ratifier le traité de Francfort. Quelle allait être l'attitude des députés des Vosges, de la Meurthe et de la Moselle, départements mutilés par la cession imposée à la France? Ne pouvant ni voter contre un traité dont la nécessité n'était douteuse pour personne, ni voter pour ce traité qui enlevait à ces départements une partie de leur territoire, c'est l'abstention de tout vote qui fut adoptée par ce groupe des députés, et c'est moi qui eus l'honneur et la tristesse d'expliquer à la tribune cette ligne de conduite. On fut unanime à la comprendre et à la respecter.

Le même sentiment de fidèle attachement à la France a depuis lors inspiré la protestation des députés alsaciens au Reichstag, mais ce sentiment n'est pas le seul mobile de la protestation.

Nous sommes dans les dernières années de ce dix-neuvième siècle qui a vu tomber les chaînes des esclaves en Amérique et le joug du servage en

Russie. Dans ce siècle de prodigieux progrès, le suffrage universel s'est établi non seulement dans la République française, mais dans l'Empire allemand. Qu'y a-t-il à dire, si une population armée d'un tel droit déclare par ses votes qu'il ne suffit pas que, par un traité signé par les plénipotentiaires de la France et de l'Allemagne, la première renonce au profit de la seconde à son droit de souveraineté, mais qu'il importe que les annexés soient consultés eux-mêmes?

Il y a ici un droit nouveau, qui aspire à remplacer la guerre avec ses ravages et la conquête avec ses déchirements par l'arbitrage et la confédération pacifique des peuples.

Tous ces sentiments je les partage et ces aspirations sont les miennes. On a pu annuler mon option, mais on n'éteindra pas le sentiment qui me l'a inspirée. C'est avec ma pleine approbation que mes fils ont émigré en France. Avec des milliers d'Alsaciens je souffre de ces déchirements, de cette dispersion de mes enfants et de mes petits-enfants. J'en souffre, mais sans me repentir d'une ligne de conduite en accord avec nos sentiments et avec notre conscience.

Dans tout cela je suis d'accord avec les protesta-taires, mais je me sépare d'eux par ma conviction profonde que ce n'est point de cette manière que ces sentiments devaient s'exprimer, et voici sur quoi je fonde cette conviction :

Une guerre sanglante a eu lieu et elle a eu la conséquence que l'on connaît. Un traité de paix énonce les droits et les obligations réciproques de la puissance victorieuse et de la nation vaincue. Ce traité signé par les plénipotentiaires de l'Allemagne et de la France et ratifié par leurs Gouvernements lie, aussi longtemps qu'il existe, les deux parties contractantes. Il a incontestablement la même valeur que les traités qu'il a remplacés, et cette valeur ne saurait être infirmée par une protestation.

L'Allemagne a combattu et elle a vaincu. La fondation d'un puissant empire unifié et la conquête de l'Alsace-Lorraine : voilà les fruits de sa victoire et le prix du sang versé par ses enfants.

L'Allemagne n'entend pas qu'on lui conteste son droit de souveraineté. A la protestation contre la validité du traité de Francfort répond l'indignation presque unanime de la nation victorieuse. Et c'est nous que cette colère frappe durement. A la protestation des annexés le Gouvernement a opposé la dictature aggravée en dernier lieu par la mesure qui tend à détruire les derniers débris de notre vie de famille. Non seulement cela, mais la discorde règne parmi nous, et dans la même famille les rapports se tendent entre ceux qui persévèrent dans leur protes-

tation et ceux qui comprennent le devoir de la soumission à l'autorité.

En affirmant le devoir de la soumission j'aborde
le nœud de la question.

En vertu du droit d'option et d'émigration les uns
ont opté pour la France et y ont transporté leur
domicile tandis que la grande majorité de la population a dû rester dans les provinces annexées.

Notre situation ressemble à celle de la nation
juive qui, au temps de Jésus-Christ, se trouvait sous
la domination romaine. Quel était alors le devoir du
patriote juif? Devait-il payer ou refuser le tribut à
César? Cette question fut tranchée par le Christ en
ces termes : Rendez à César ce qui appartient à César
et à Dieu ce qui appartient à Dieu. Soumission à
l'autorité et obéissance aux lois : voilà ce que l'Allemagne a le droit de nous demander et ce qu'il est
de notre devoir de ne point lui refuser. Cette soumission aura longtemps encore chez nous le carac-
tère d'une tristesse résignée, adoucie par une espé-
rance lointaine, mais elle devra être non pas hypocrite
mais consciencieuse. Est-ce à dire que notre profond
attachement à notre ancienne patrie doive disparaître
du jour au lendemain pour faire dans nos cœurs à
l'Allemagne la place occupée par la France? L'histoire
nous apprend que la conquête morale d'une population est généralement très lente à se réaliser. Les

hommes politiques en **Allemagne** le comprennent. Je rappelle ici le maréchal de Manteuffel, compétent en matière de devoir et d'honneur, qui exigeait notre soumission, mais qui respectait nos sentiments d'amour pour notre ancienne patrie.

Rien ne m'autorise à attribuer au prince de Hohenlohe une appréciation moins équitable des sentiments d'une population récemment annexée.

La soumission est à la fois notre devoir et notre intérêt.

Il importe, n'est-ce pas, que non seulement nous soyons délivrés de l'insupportable mesure du passeport, mais aussi que la dictature, avec son inévitable cortége d'abus et d'amertumes, soit enfin remplacée par le règne de la loi donnant à tous les citoyens les mêmes droits et les mêmes garanties. La dictature et les passeports sont la punition infligée par le Gouvernement à la protestation alsacienne. Quand à cette protestation aura succédé la soumission, le dur châtiment qui nous frappe prendra fin.

Les premiers députés protestataires avaient compris qu'aucune action ne saurait être exercée, ni sur le Gouvernement, ni sur le Reichstag, par ceux qui, par leur protestation, déclarent ne point reconnaître le droit de souveraineté de l'Empire sur le pays d'empire. Aussitôt leur protestation faite ils quittèrent le Reichstag.

Leurs successeurs adoptèrent ce programme : Protestation et action. Mais à cause de la protestation toute action était impossible. On le leur fit bien voir.

Autre programme : L'Alsace aux Alsaciens! Les autonomistes non protestataires pourront peut-être à la longue arriver à la réalisation de ce beau programme, tandis que la protestation a pour effet de donner presque toutes les places aux Allemands immigrés, avec l'exclusion presque complète des Alsaciens.

Où en arriverait-on si les hommes appartenant au parti autonomiste ne consentaient pas à devenir maires de nos communes et membres de nos Assemblées délibérantes? C'est alors que toute l'administration serait abandonnée aux immigrés et que nous nous trouverions complètement exclus de la gestion de nos propres intérêts.

A-t-on le droit de jeter la pierre aux hommes qui se consacrent à ces tâches nécessaires? Est-il permis, à cause de leur contact avec les fonctionnaires allemands, de leur dénier tout attachement à leur ancienne patrie? Quant à moi, je déplore ces jugements injustes autant que téméraires, car je suis convaincu que les protestataires n'ont nullement le monopole de ces sentiments qu'un grand nombre d'autonomistes éprouvent au même degré.

Conclusion.

Nous, qui habitons les provinces annexées, nous ressentons pour notre ancienne patrie un attachement que nous ne pouvons arracher de nos cœurs et que les véritables patriotes allemands savent respecter.

Que ceux d'entre nous qui ne se sentent pas libres d'adhérer par leurs votes au régime existant s'abstiennent de voter. Cette abstention, obligatoire pour les étrangers, sera de la part d'un grand nombre d'Alsaciens une abstention volontaire qu'on ne doit pas leur reprocher, car le vote est un droit qu'on est libre d'exercer ou de négliger, et il ne constitue à aucun degré une obligation que la loi nous impose. Ceux qui n'acceptent aucun mandat, même municipal, et qui ne concourent à aucune élection font par là une protestation très digne et très logique, en même temps qu'exempte des désastreuses conséquences de la protestation agressive, qui envoie au Reichstag des députés protestataires. Cette protestation militante exprime le refus de reconnaître la souveraineté de l'Allemagne, formellement reconnue par la France. Elle rend à la France un mauvais service, car c'est à cause d'elle que les Français sont exclus. Elle met en danger la paix de l'Europe et elle est une des principales causes des armements formidables qui ruinent les nations européennes. La protestation militante a pour effet de nous placer sous la dictature et le régime des passeports. Elle nous scinde en deux partis et compromet le bon accord entre les membres d'une même famille.

Cette protestation-là doit disparaître, et le plus tôt sera le mieux ; car alors, le régime de la dictature ferait place au régime de la liberté sous la loi, et un des dangers qui menacent la paix internationale cesserait de la compromettre.

Depuis de longues années je suis un partisan profondément convaincu de la paix internationale et un ouvrier de la paix sociale.

Qu'il me soit permis de terminer ces pages par la reproduction partielle de mes paroles d'adieu adressées en 1872 à mes Collègues de l'Assemblée nationale :

« Parmi les questions soumises aux délibérations
« de l'Assemblée de Versailles, il n'en est pas de
« plus grave que la question ouvrière. L'Assemblée
« a décidé qu'elle en ferait l'objet d'une vaste en-
« quête, à laquelle j'eusse été bien désireux de par-
« ticiper activement. Ce n'est pas que je m'exagère

« la portée des mesures législatives qui peuvent
« être adoptées, car je sais que ce ne sont ni des
« lois, ni des réglements qui résoudront la question
« sociale. Elle sera résolue le jour où des sentiments
« de justice et de bienveillance réciproque, senti-
« ments inspirés par une plus saine intelligence et
« une meilleure pratique de la religion du Christ,
« auront remplacé le funeste antagonisme qui divise
« la société en deux camps ennemis. Dès à présent,
« le législateur doit s'inspirer de cet esprit, pour
« faire ce qui peut être tenté dans le domaine légis-
« latif, pour le bien de la classe ouvrière.

« Si ces forces d'en haut pouvaient retremper
« notre société vieillie et apaiser nos divisions so-
« ciales et nos haines internationales, nous verrions
« une France libre et forte vivant en paix avec une
« Allemagne forte et libre comme elle. Ah ! je sais
« bien qu'entre ces deux grandes nations il y a une
« pomme de discorde, qui est l'Alsace récemment
« arrachée à la France. Quoi de plus naturel et de
« plus légitime que la douleur amère que nous
« cause cette perte et l'ardent désir de voir une
« guerre heureuse réparer les désastres que nos
« défaites nous ont infligés? Ces aspirations patrio-
« tiques, que l'Allemagne ressentirait non moins
« vivement que nous si elle avait eu le malheur
« de perdre les provinces rhénanes, je les com-

« prends et je les respecte. Mais, d'un autre côté,
« je ne puis envisager sans frémir cette guerre
« nouvelle qu'on nous prédit, guerre autrement
« longue et sanglante et d'issue incertaine que
« celle que nous venons de traverser, car elle n'écla-
« terait pas sans que des deux côtés on ne fût com-
« plétement armé et préparé. Et c'est l'Alsace, ma
« terre natale, qui serait la cause, l'enjeu et le champ
« de bataille de cette lutte épouvantable.

« La volonté de Dieu n'est pas que les nations
« s'entretuent en se disputant des lambeaux de leurs
« territoires, mais au contraire qu'elles se respec-
« tent et se complètent réciproquement. L'état des
« choses récemment créé par une politique auda-
« cieuse sera peut-être défait, ou profondément
« modifié par une politique de prudente modéra-
« tion, ou par l'effet de complications européennes
« dont l'avenir a le secret. Quoi qu'il en doive
« advenir, je voudrais qu'au lieu d'être un brandon
« de discorde au cœur de l'Europe, cette Alsace,
« qui a tour à tour appartenu à l'Allemagne et à la
« France, cette Alsace, qui comprend l'Allemagne
« en même temps qu'elle aime passionnément la
« France, redevienne entre ces deux grandes nations
« un médiateur intelligent et un interprète sympa-
« thique, faisant connaître la France à l'Allemagne
« et l'Allemagne à la France. Ce n'est qu'à cette

« condition que nous verrions succéder aux senti-
« ments de haine et aux guerres fratricides qu'ils
« engendrent, les sentiments meilleurs et la prati-
« que plus noble du respect réciproque et d'une
« paix durable et féconde en bienfaits. »

G. STEINHEIL.

Nancy, imp. Berger-Levrault et Cie